AF233199

# OPINION

## SUR LES FINANCES,

### ET SUR LES MOYENS

### DE PAYER PROMPTEMENT

### LES RENTIERS ET LES CRÉANCIERS

### DE LA RÉPUBLIQUE;

Par J. J. S......

---

## A PARIS,

Chez J. Gratiot, imprimeur, cul-de-sac Pecquay, rue des Blance-Manteaux ;

Et se trouve chez tous les marchands de nouveautés.

---

VENDÉMIAIRE AN 6.

# OPINION

## SUR LES FINANCES,

### ET SUR LES MOYENS DE PAYER PROMPTEMENT

### LES RENTIERS ET LES CRÉANCIERS

### DE LA RÉPUBLIQUE.

QUE l'homme habitué à méditer sur l'objet qui contribue le plus à la prospérité des nations ( je veux dire le crédit public ), doit être saisi d'étonnement en voyant que la France, après avoir dépensé avec une prodigalité étonnante des ressources immenses, et en ayant encore de si considérables, se trouve, au moment même de sa constitution, tellement dénuée de moyens, que toutes les parties du service sont en souffrance ! Le malheureux fonctionnaire public, trop retardé dans le paiement de son salaire, meurt de faim à côté de son travail ; le rentier, le pensionnaire qui a bien servi son pays, ou celui duquel on a cru devoir supprimer l'état qu'il possédait de bonne foi, sont aussi forcés de partager le même sort du fonctionnaire, puisqu'ils reçoivent à peine le quart de ce qui leur est si légitimement dû. On compte même maintenir longtems le rentier et le pensionnaire dans cet état de gêne, puisque dans les dépenses de l'année, en portant l'intérêt de la dette publique à 218 millions, on ne comprend cette somme que pour 62 millions ; comme si la nation était dans l'absolue nécessité de réduire les trois quarts de sa dette.

On ne me contestera pas qu'une créance sur l'état ne soit une propriété : or, si l'on est d'accord avec moi de ce principe, on conviendra que cette propriété ne doit pas être plus surchargée que les autres. Il est donc souverainement injuste de lui faire supporter les trois quarts de retenue, qui mettent le propriétaire dans l'impossibilité de retirer le moindre parti de ce genre de propriété. Il serait, suivant moi, préférable pour le crédit public, que toutes les pro-

A

priétés fussent imposées à la somme nécessaire pour acquitter, tant les dépenses ordinaires qu'extraordinaires, ce qui irait à près d'un milliard, que de faire supporter à la dette publique une retenue des trois quarts.

Ah ! si un ministre de l'ancien régime avait essayé de combler de cette manière le *deficit*, que de réclamations fondées n'aurions-nous pas entendu sortir de la bouche même de ceux qui portent un si grand coup au crédit national et particulier ! et si du tems de la monarchie on n'avait pas le droit de commettre de tels actes d'autorité, à plus forte raison ne doit-on pas le faire, lorsque la République a assuré que la dette publique reposait sur la loyauté française.

Le premier soin du ministre anglais, lorsqu'il présente ses comptes au parlement, c'est de parler de l'intérêt de la dette publique, sur laquelle réside le crédit public. Pourquoi, de nos jours, fait-on si peu de cas de cette branche de dépense, qu'à peine on daigne s'en occuper ?

Montesquiou, dans son dernier ouvrage sur les finances, porte la dette publique au chapitre des dépenses extraordinaires, tandis que, jusqu'à présent, cet objet a été porté chez toutes les nations comme dépense ordinaire, mais pouvant augmenter ou diminuer suivant les circonstances.

Je ne connais pas l'intérêt actuel de la dette publique de l'Angleterre, qui s'est prodigieusement accru depuis 1786 ; mais me transportant à cette époque, je le trouverai se porter à 221 millions, c'est-à-dire à 27 millions de moins que la somme énoncée au compte rendu, et qui se porterait à une moindre somme, en faisant supporter au propriétaire de rente une partie des charges publiques, à laquelle il est juste de l'imposer ; et puisque l'Angleterre est parvenue non-seulement à acquitter exactement l'intérêt de sa dette, mais encore d'en rembourser une partie, ce qui lui donne le moyen de recourir à des emprunts dans des momens difficiles, pourquoi la nation française n'aurait-elle pas les mêmes facilités de paiement ?

Cherchons à débrouiller ce dédale, et démontrons qu'il est des hommes qui, envisageant les finances d'une grande nation sous le seul point de vue qui leur convient, c'est-à-dire d'une manière à entraîner la confiance, savent faire respecter le nom français, en prouvant que ce ne peut être en vain que ce peuple a décidé que sa dette résidait sur sa loyauté.

Pour me rendre intelligible à ceux qui voudront employer quelques momens à méditer avec moi sur un sujet aussi abstrait que celui que je me hasarde de traiter, je ferai des observations sur chaque partie de recettes et dépenses, en faisant la distraction de celles que l'on peut considérer comme dépenses publiques, et celles qui ne doivent concerner que les charges locales.

Le compte rendu est bien simple ; il porte les dépenses générales fixes du Corps législatif, du Directoire, des ministres et frais de justice à.................... 266,454,275 l.

Les pensions et les intérêts de la dette viagère et perpétuelle à 248 millions, dont on ne paye que le quart, ci............ 62,000,000

Dépense pour l'année.................... 328,454,275 l. au lieu de 514,454,275 liv. qui est la dépense de l'année, d'après l'énoncé du compte rendu. Si je vais de comparaison en comparaison, je verrai que la dépense de l'Angleterre en 86 se porta à 399 millions, c'est-à-dire à 32 millions au-dessus de son revenu ordinaire, et que le parlement accorda, sur la demande qui lui en fut faite ; et en comprenant dans la dépense publique la totalité de notre dette, nous ne trouvons en augmentation de dépense, sur celle faite en Angleterre en 1786, qu'un excédent de 92,654,275 liv., si je fais seulement supporter la retenue d'un dixième au rentier de l'état.

Comment ! L'Angleterre aura supporté en 1786, et je prends cette base pour faire reste de raison aux personnes qui nous croyent sans ressource, une somme de 399 millions, sans y comprendre la taxe pour les pauvres, et celle nécessaire à la construction et réparation des routes ; et nous, au moment où nous avons réuni aux propriétés foncières qui payaient l'impôt, un tiers de propriétés exemptes autrefois d'impôt ; nous qui avons exempté du paiement de la dîme et des droits seigneuriaux toutes les possessions qui en étaient grevées ; nous qui, par droit de conquête, avons étonnamment augmenté l'étendue de notre territoire, nous ne saurions faire entrer au trésor public 489 millions qui sont indispensables pour acquitter les dépenses ordinaires, déduction faite du dixième, retenue que je crois qu'il faut faire supporter aux rentiers, et nous préférerions tomber dans le plus avilissant mépris, en continuant de porter le plus grand préjudice aux fonctionnaires publics, aux pensionnaires et aux créanciers de l'état ? Non , une telle conduite est trop opposée aux principes d'équité et de justice qui caractérisent la nation française.

Ne savent-ils pas , ces hommes qui sont d'un avis opposé au mien , que l'exactitude dans le paiement de la dette publique influe singulièrement sur toutes les branches de la société , et que c'est un devoir d'une justice rigoureuse qu'on ne diffère jamais, impunément pour le crédit public, de s'en acquitter ? ne savent-ils pas que ce retard, ou, pour mieux dire, cet acte d'opprobre est cause du découragement général ; que les atteliers sont dans l'abandon le plus affligeant, à cause de la défiance du capitaliste, qui ne se dessaisit de ses fonds qu'à des prix usuraires , et ayant outre cela par-devers lui des sûretés ; intérêt qu'il est impossible au commerce et aux manufactures de supporter ; et s'il continue, elles tomberont toutes , et l'ouvrier qu'on y occupe sera réduit, ou à la plus affreuse misère, ou à aller enrichir l'étranger du produit de son industrie. Et que de tems ne faudrait-il pas pour réparer les maux d'une émigration aussi désastreuse ! Ne voient-ils pas , ces hommes, que le discrédit public est cause de l'agiotage, qui nuit à toutes les branches d'industrie, et que l'étranger, habile à profiter des circonstances, ne néglige pas celle-ci pour introduire chez nous, à des prix infiniment au-dessus d'autrefois, des objets que produiraient nos atteliers, et que la balance du commerce en sa faveur, se porte à une somme énorme, sans y comprendre le bénéfice qu'il fait sur nous au moyen des denrées coloniales, qui nous donnaient autrefois de si grands avantages sur lui ? Ne savent-ils pas que pour réparer tous nos malheurs, il est indispensable que le peuple français devienne agricole et industrieux , et que toutes sortes de moyens doivent être mis en usage pour opérer ces heureux résultats, que la confiance seule peut ramener ? et si le gouvernement vient à l'inspirer pour les objets qui lui sont personnels, elle renaîtra de suite de particuliers à particuliers. Il est inutile que j'entre dans le détail de ces avantages sur lesquels je me bornerai à répéter que l'influence du gouvernement est telle, que s'il vient à remplir exactement ses engagemens, par cela seul il porte la vie dans toutes les affaires particulières, qu'il obtient les délais qui lui sont nécessaires sur ses dépenses journalières ; et le créancier sans défiance met dans le commerce , l'engagement qu'il a sur le payeur de l'état, au même prix que celui qu'il a sur le particulier. Un

bon gouvernement a de si grands moyens pour tran-
quilliser ses créanciers, qu'on a souvent vu « en Angle-
» terre la partie du revenu destinée à la libération de
» la dette publique, détournée de son emploi pour en
» convertir partie en de sages dépenses pour la protection
» et l'encouragement des manufactures, du commerce et
» des arts ; et ces dépenses ont été souvent jugées, même
» par le peuple, plus profitables à la nation que des rem-
» boursemens à des créanciers qui sont sans inquiétude,
» lorsqu'on leur paie l'intérêt de ce qui leur est dû, ou
» du capital exigible ».

La France est, du côté de l'opinion financière, dans
le même état où se trouvait l'Angleterre après la dernière
guerre : tout y était dans la plus grande consternation ;
les capitalistes, les rentiers de l'état avaient des craintes
fondées, et le commerce craignait des contre-tems funestes
pour ses entreprises, dans une convulsion générale qu'il
croyait inévitable. La seule bonne administration des
finances remédia aux maux dont l'Angleterre était me-
nacée ; le confiance publique s'établit de jour en jour ;
l'agriculture, le commerce et l'industrie reprirent leur
ancienne splendeur, et depuis cette époque ils ont toujours
été en croissant, malgré les dépenses extraordinaires de
la guerre qu'elle a soutenue contre nous.

La conduite du ministre anglais, dans cette circonstance,
a été calquée sur celle d'un ministre français à jamais célèbre.
Colbert succédait, comme nous, à des tems désastreux pour
les finances, puisqu'il avait à réparer, et les désordres du
cardinal Mazarin, et les dilapidations de Fouquet, et
outre cela qu'il avait à combattre et à fournir aux dépenses énormes de Louvois, qui ne voyait que la guerre,
parce qu'il ne pouvait se soutenir que par elle. Cette
pénible position fut tellement améliorée par la bonne
administration des finances, que le ministre français eut
les moyens de faire d'énormes sacrifices pour élever dans
très-peu de tems un nombre considérable de manufactures
en objets que l'étranger introduisait chez nous, et elles
prospérèrent dès l'instant de leur fabrication. Non content,
par ces utiles dépenses, de faire la guerre à l'industrie
étrangère, Colbert ouvrait des canaux, perçait des routes ;
il accordait même des récompenses aux savans étrangers :
et si le beau règne d'alors a commencé au moment où le
ministre s'occupa de donner une grande latitude à l'industrie naturelle des Français, pourquoi ces mêmes moyens

mis en usage de nos jours, ne ramèneraient-ils pas parmi nous des tems de prospérité publique qui nous feraient oublier tous nos malheurs ?

Qu'auront à opposer aux exemples que je cite, une infinité de personnes qui, lorsqu'on leur parle de ces grands objets, ne savent que vous répondre que nous faisons la guerre, et que tout doit être absorbé par elle ? Ha ! qu'ils connaissent peu les ressources de leur pays, ceux qui tiennent ce langage ! Qu'ils emploient quelques instans à cette étude satisfaisante, et qu'ils finissent enfin par se convaincre qu'avec une bonne administration des finances, un pays tel que le nôtre, auquel la nature a prodigué tant d'avantages, peut porter toutes les parties de l'économie politique au plus haut degré de splendeur, et pour que obtenir ces heureux résultats, il ne faut que de l'ordre, de l'économie dans les dépenses, la suppression de celles inutiles, la connaissance du pays que l'on administre, le desir ardent de le faire prospérer ; voilà en peu de mots la grande science en finances, et le ministre qui la possède doit être tellement électrisé par elle, que tous les jours en doit se ressentir des avantages de sa bonne administration. Ces moyens ont réussi en Angleterre ; pourquoi ne réussiraient-ils pas de nouveau chez nous, qui, sans recourir à l'impôt, avons en notre faveur une infinité de ressources extraordinaires que ne possédera jamais notre rivale ? Je l'ai dit en 1788 ; si en Angleterre on croyait la banqueroute indispensable à la fin de la guerre de l'Amérique, une telle calamité publique n'a jamais paru avoir le moindre fondement en France, aux yeux des personnes qui se sont étudiées à connaître les forces de la nation. Entrons donc en matière pour prouver la vérité de cette assertion, et commençons par la dépense publique.

L'intérêt de la dette publique se porte, d'après le compte rendu, à la somme de..... 248,000,000$^l$

Le paiement de la rente doit être fait avec exactitude ; mais comme le propriétaire de la rente profite des avantages de la société, il est de toute justice qu'il en supporte aussi les charges. La retenue que je crois qu'on doit lui faire est du dixième, que je porterai ici en marge, comme économie ou moindre dépense.

Economie ou moindre dépense à la charge du trésor public.

24,800,000$^l$

_________________

248,000,000$^l$

nomie, etc.

800,000ˡ

|  |  |
|---|---|
| *Ci-contre* . . . . . . . . . . . . . . . . . . | 248,000.000ˡ |
| Dépense du Corps législatif. . . . . . . . . . . . | 6,719,345 |
| Dépense du Directoire exécutif. . . . . . . . . | 1,500,000 |

Ministre de l'intérieur porté sur le compte rendu à 55,260,000 liv. Je ne porterai point cet article en somme, parce qu'il est susceptible de beaucoup de réductions, et je me contenterai de porter celle qui peut regarder le ministre ou ses bureaux, qui, déduction faite des articles dont je vais parler, se portera à la somme de. . . . . . . . . . . . . . . . . . . . 710,000

Conduite et nourriture des prisonniers. . . . 10,000,000

Il faut que l'espèce humaine soit bien dépravée, puisque les réclusions ou la conduite des scélérats nécessitent une dépense aussi immense, et que jusqu'à présent nous n'avions pas vu énoncée dans aucun compte rendu. Cette somme doit être nécessairement exhorbitante, et le ministre de l'intérieur ne peut pas assez la surveiller dans toute l'étendue de la République. Je regarde cette dépense comme locale; elle doit donc être supportée par chaque département; il faut en laisser la direction aux administrations, qui pourront les surveiller de plus près. Ainsi je déchargerai le ministre de l'intérieur de cette partie de dépense publique, sur laquelle cependant il convient de lui laisser la plus grande surveillance.

000,000

Pourquoi laisser dans l'oisiveté un malheureux prisonnier? ce qui est cause que lorsqu'il n'est repris qu'à tems, il sort de sa prison plus mauvais sujet qu'il n'y est entré. Si un prisonnier a un état, il faut lui donner de l'occupation dans la profession qu'il a exercée; s'il n'en a pas, une bonne administration trouvera toujours le moyen de l'occuper utilement. A la Nouvelle-Angleterre, on a tellement reconnu que l'oisiveté, toujours corruptrice des mœurs, faisait encore plus de ravages dans les prisons, qu'autant que possible on donne de l'occupation à un prisonnier. Pourquoi ne nous hâterions-nous pas d'imiter cet exemple? Ce que

,800,000ˡ

266,929,345ˡ

34,800,000[1]  *De l'autre part*.............. 266,929,345[1]

je dis pour la répression des mœurs, fera éprouver une économie dans cette partie, et un seul exemple suffira pour en démontrer l'importance. On voit des enfans enfermés à Bicêtre par mesure de police, ou par correction ; ces malheureux, qu'une faute légère avait fait enfermer, rentrent toujours dans la société infectés de toutes sortes de vices, et dans le nombre desquels il en est que ma plume se refuse de tracer. D'après ces exemples, le moindre retard dans l'amélioration de cette partie, est un crime d'administration auquel ce seul avis doit remédier.

Hospices généraux, orphelins, extinction de la mendicité, épidémies, inondations et grêle........................................ 12,000,000

Les secours à accorder pour les épidémies, les inondations et les grêles, doivent être supportés par le trésor public, et j'aurais voulu connaître positivement cet article pour le porter ici ; mais les dépenses nécessaires pour les hospices généraux, les orphelins, l'extinction de la mendicité, doivent être locales. En Angleterre, de pareils articles n'entrent jamais dans la dépense de l'état. Quant aux hospices, ils sont richement dotés, et les grandes communes qui les ont rendu nécessaires par la corruption des mœurs, doivent suppléer à leur insuffisance. Il en est de même pour la mendicité, qui est beaucoup plus considérable dans les grandes villes que dans les campagnes. Ainsi, l'imposition perçue sur la généralité des habitans de la France, ne peut être employée à ces articles. Je réduirai donc cet objet pour les épidémies, les inondations et les grêles à la somme de 6 millions, et je porterai pour économie ou moindre dépense le surplus, comme devant être des dépenses locales, dont encore il faut conserver au ministre de l'intérieur la surveillance.

6,000,000

40,800,000[1]  278,929,345[1]

omie , etc.

800,000[l]        *Ci-contre*..................... 278,929,345[l]

Ponts et chaussées des anciens et nouveaux départemens........................... 27,350,000

Ces objets, de la plus urgente nécessité, sont trop négligés parmi nous; mais ils ne sauraient figurer dans les dépenses générales d'un état bien administré. Il est urgent et indispensable même de suppléer à cette dépense par une imposition particulière, ainsi que je l'établirai dans la suite. Il est de principe, de droit naturel, que celui qui dégrade doit réparer; ainsi je rayerai cet article des

350,000    dépenses à la charge du trésor public.

Etablissemens ruraux, épizooties, étalons

150,000[l] et encouragement des arts................ 1,100,000

Article de dépense trop mesquin pour une grande nation, qui doit faire de grands sacrifices pour réparer les désastres qu'ont apportés aux arts et aux manufactures les mouvemens révolutionnaires. Les seuls haras et l'école vétérinaire coûtaient, dans l'ancien régime, 1,026,000 liv. D'après cela, que doit-il rester à la disposition du ministre de l'intérieur pour les arts ? presque rien : cependant ils ont besoin de secours. Beaucoup de manufactures languissent faute de fonds; il serait important de les aider, non par des dons, mais par des prêts, et je désirerais qu'il fût fait, au trésor public, des fonds pour cet objet, qui y rentreraient à l'expiration des délais qu'aurait pris l'emprunteur. Ces secours devraient être donnés avec retenue, de manière que dans aucun cas ils ne pussent être détournés de leur emploi.

Etablissemens généraux d'instruction publique, bibliothèques publiques, musées, cadastre et géographie................... 4,000,000

Ces objets rendent à l'état, avec usure, ce que l'état dépense pour eux; ainsi je ne saurais leur faire supporter aucune réduction.

Ministre de la justice................ 364,056

Département de la guerre.............. 95,000,000

106,743,401[l]

*De l'autre part*............... 406,743,401[1]

Cette somme étant moindre que celle énoncée aux anciens comptes rendus, je la porterai à la même somme, et en cela je suis d'une opinion bien différente que Montesquiou, qui veut la réduire de 5 millions. La France doit être, même en tems de paix, dans un état de défense respectable, et relative à son étendue ; ensuite il lui convient que le citoyen qui se livrera à cette profession , soit bien salarié et bien entretenu , de manière que le sort du soldat soit plutôt envié que dédaigné. Il est même des dépenses qu'il conviendra de faire en tems de paix, dans chaque régiment, pour perfectionner l'éducation du soldat, et en faire un bon père de famille quand il rentre dans la société.

Soyons avares de dépenses inutiles et superflues, mais soyons grands, généreux, magnifiques même pour toutes celles qui doivent annoncer la puissance d'un grand peuple.

Marine.

On demande pour cet objet 71 millions ; Montesquiou desire n'accorder que 41 millions : quant à moi, je répéterai les mêmes expressions qu'en 1788, et je porterai l'état actuel de dépense à la même somme qu'à cette époque.............................. 47,000,000

Je regarde très-avantageux que si cet article est susceptible par la suite d'économies, au lieu de diminuer la dépense du trésor public, elles soient converties à améliorer le sort des matelots, des officiers de marine, à augmenter nos forces navales, afin d'en imposer à nos rivaux, que nous ne devons jamais perdre de vue, sur-tout de ce côté. Telles étaient mes expressions en 1788. Ce qui nous est arrivé n'annonce que trop que mes avis n'auraient pas dû être dédaignés ; mais si nous faisons pour cet objet une dépense considérable, ayons au moins la satisfaction d'en connaître les résultats de tems à autre, et

453,743,401[1]

*Ci-contre*..................... 453,743,401<sup>l</sup>

que le ministère de la marine ne soit plus une institution qui ne nous procure aucun avantage. Le ministre actuel de ce département est animé de si bons principes, que je suis persuadé que, par ses soins, nous allons redevenir une puissance maritime respectable.

L'Angleterre dépensait en 1786, pour sa marine, 56,794,824 liv. de notre monnaie, quoique dans l'apperçu des dépenses de l'année on n'ait présenté qu'une somme de 41,715,000 livres. Pourquoi, nous qui avons des ports de mer en bien plus grand nombre, qui avons des possessions considérables dans le nouveau monde, qui avons une population de près de 30 millions d'habitans ; pourquoi, nous qui avons à transporter une quantité très-considérable de productions territoriales et de notre industrie ; pourquoi, dis-je, réduirions-nous au-dessous de 1789 la dépense de cette partie essentielle ?

Et que ne pourrai-je pas dire en faveur de l'Angleterre, si j'ajoute qu'à ces forces on peut joindre celles de la compagnie des Indes, qui sont à la charge de cette importante branche de commerce, qui forme des matelots sans qu'il en coûte rien à l'état ?

Nous avions en France une institution de pareille nature ; elle a rendu de très-importans services à l'état. L'envie, la jalousie, la mésintelligence, peut-être même des motifs plus puissans que l'étranger ne fut pas avare d'employer, furent cause de sa suppression. On a cherché depuis à rétablir en France une compagnie des Indes ; on serait même parvenu à la rendre aussi florissante que l'ancienne, si on n'eût cru devoir frapper les compagnies financières, comme donnant lieu à trop d'agiotage. Ces compagnies ont été réformées, et l'agiotage a été porté à un tel point, qu'il finit par devenir une calamité publique.

453,743,401<sup>l</sup>

*De l'autre part*............... 453,743,401<sup>l</sup>

Le Corps législatif verra dans sa sagesse s'il ne serait pas important de former une compagnie des Indes. Si j'avais une opinion à émettre sur ce point, je m'empresserais de voter pour l'adoption de ce projet vraiment utile, puisqu'il entretiendra une grande consommation d'objets manufacturés en France, que nous exporterions, et qu'elle nous apporterait en retour des marchandises que le luxe nous a rendu peut-être de la plus urgente nécessité, puisque nous les achetons à l'Angleterre, et encore parce qu'elle entretiendrait une partie considérable de matelots.

Je sais que les commerçans de Bordeaux et des principales villes, furent dans le tems contre cette institution ; les avantages qu'elle a procurés à l'Angleterre, et qu'elle procura autrefois à la France, semblent militer en sa faveur. Je sais encore qu'on m'opposera que si la compagnie des Indes est établie par actions, elle va donner un nouvel aliment à l'agiotage. Quand l'intérêt des rentes sera payé de manière à leur fixer un capital, et que le créancier de l'état aura intérêt à le garder, l'agiotage sur cette partie sera peu désastreux, et celui qui pourrait être fait sur les actions des établissemens tels que la compagnie des Indes, manufactures, exploitation des mines, canaux de navigation, tous objets d'utilité publique, et qu'il est à desirer de voir établir, n'importe le moyen, par les avantages inappréciables qui en résulteront, le prétendu agiotage sur ces objets ne portera pas un grand coup au commerce : je crois, au contraire, qu'il serait utile d'autoriser la formation de ces sortes d'établissemens.

Finances..........................  445,000
Relations extérieures................  4,170,066

Dans les anciens comptes rendus, cette partie de dépense publique, sans y comprendre les Ligues suisses, se portait à 8,700,000 liv.

458,358,467<sup>l</sup>

*Ci-contre*..................... 458,358,467[1]

pour les dépenses ordinaires, et 3 millions
pour les dépenses extraordinaires. La somme
portée au compte établit une différence très-
considérable en faveur de ce département. Il a
de plus été annoncé dernièrement à la tribune
du Corps législatif, que le ministre actuel
avait assuré qu'il y aurait encore une diminution de dépense.

Police......................... 2,600,000

Lorsque les bureaux sur l'émigration seront
réformés, il y aura une diminution de dépense
de 100,000 l. sur cet article : comme cet objet
n'est que de circonstance, il eût peut-être été
d'une bonne administration de le porter au
chapitre des dépenses extraordinaires.

Trésorerie nationale................. 2,918,000

Que ce service est coûteux ! comment ! il
faut à la trésorerie, à 101,056 liv. près,
autant de fonds qu'au Directoire, au ministre
de la justice, à celui de l'intérieur et des
finances ? En élaguant les difficultés, on ob-
tiendra une économie sur cette dépense ; il
faut l'espérer de la nouvelle organisation de
la trésorerie. Voilà les articles sur lesquels la
bonne administration doit frapper. Si cette
dépense provient des opérations financières,
il faut les supprimer, parce que la trésorerie
ne doit être qu'une bonne administration,
qui hâte avec une juste mesure la rentrée des
contributions, et en fait de même une juste
distribution. Si cette dépense énorme provient de la quantité de commis, il faut en
supprimer, et leur donner quelques mois
d'appointemens pour leur faciliter les moyens
de se placer ; le salarié de la République doit
être payé exactement, et d'une manière à ce
qu'il considère sa place comme une profession
qui l'honore, le met dans l'aisance, et devant
l'occuper toute sa vie : mais en le payant bien,
il faut exiger de lui un travail assidu et
de beaucoup plus de durée que celui qu'il

463,876,467[1]

De l'autre part................ 463,876,467[1]

emploie dans ce moment ; et on parviendra
à ce but, en ne créant plus des places pour les
hommes, mais en choisissant les hommes pour
les places. Ce que je dis de la multiplicité des
commis et de la multitude des formes de ce
département, s'applique aux autres branches
d'administration qu'il faudrait aussi simplifier.

Comptabilité............................ 440,176

Quand nous serons dans un état ordinaire,
la dépense de cet article diminuera considérablement.

Tribunal de cassation................. 477,391

Commissaires du Directoire exécutif, tant
auprès des départemens que près les muni-
cipalités, les tribunaux civils et militaires,
les tribunaux correctionnels, au nombre de
5,963 commissaires et de de 152 substituts... 3,245,300

Imprimerie de la République, et envoi des
lois...................................... 202,517

L'ancienne imprimerie royale ne coûtait
que 90,000 francs, et Duperron y faisait de
très-bonnes affaires. On ne fera pas toujours
une aussi grande quantité de lois ; et alors
nécessairement cette dépense diminuera : je
suis même persuadé qu'en donnant cet objet à
l'entreprise à plusieurs imprimeurs, on éprou-
verait de suite une grande économie.

Frais de justice criminelle............. 5,000,000

Si nous ajoutons à cet article les 10 millions
pour la conduite et nourriture des prisonniers,
et 2,600,000 liv. pour la police, nous trouverons une somme de 17,600,000 liv. que coûte
en France la répression du crime, sans y
comprendre les capitaux que représentent
598 maisons de justice, d'arrêts ou de prisons ;
cette somme est effrayante ; et pourquoi, pour
l'honneur de la nation, un tel chapitre de
dépense ne peut-il pas être secret ? Que diront
les nations étrangères, et principalement
l'Angleterre, lorsque se rappelant qu'autrefois
les crimes étaient plus multipliés chez elle que

473,241,851[1]

*Ci-contre*...................... 473,241,851[1]

chez nous, elle verra que c'est maintenant
tout le contraire? Hâtons-nous donc d'adoucir
nos mœurs ; que les passions révolutionnaires
ne nous animent plus ; travaillons au bonheur
de tous, et nous verrons effacer des comptes
publics, cette partie de dépense bien affligeante
pour l'humanité.

Dépenses imprévues portées par Treilhard
à 15 millions, et réduites par Montesquiou à
5 millions. Je crois qu'il y a un double emploi sur cet article qui, dans tous les cas,
doit être porté aux dépenses extraordinaires :
ainsi, je porterai cette somme à ce chapitre.

Il en est de même de la liquidation : cette
dépense n'étant pas de durée, doit être portée
aussi au chapitre des dépenses extraordinaires.

Dépenses d'administrations centrales, tribunaux civils, tribunaux criminels, tribunaux de commerce, justice de paix, d'écoles
centrales, maisons occupées par les autorités,
maisons de justice, d'arrêt ou de prison ; juges
suppléans à Paris ; bureaux des domaines de
Paris............................... 20,019,000

Dans cette somme, il y a une infinité
d'articles qui devraient être rayés de la dépense du trésor public, et qui ne peuvent
concerner que les dépenses locales, parce
qu'elles intéressent les administrés, et je serais
entré dans ce détail, s'il m'eût été possible
d'avoir des renseignemens sur chaque article.
Quant à la justice civile, il conviendrait
peut-être d'établir des droits de greffe, pour
en acquitter les frais. Je crois, n'en déplaise
à beaucoup de personnes, que c'est à ceux
qui cherchent de mauvaises contestations,
ou qui retiennent injustement le bien d'autrui,
à acquitter cet article de dépenses, et non au
citoyen paisible, qu'il n'est pas juste d'imposer
pour cet objet.

Administrations municipales de canton, etc.   12,750,000

D'après la loi du 9 germinal, les 4 s. 3 d.

506,010,851[1]

*De l'autre part*.............. 506,010,851[1]

additionnels à la contribution mobiliaire sup-
pléent à cette dépense.

Frais de perception................... 3,500,000

Total des dépenses que je considère comme
ordinaires, en y comprenant, ainsi qu'on l'a
vu, celle nécessaire pour l'intérêt de la dette
publique................................ 509,510,851

A distraire les sommes énoncées en marge,
comme moindre dépense à supporter par le
trésor public, et retenue du 10°. aux rentiers.  68,150,000

Restera, suivant moi, à la charge du trésor
public................................. 441,360,851[1]

### *Des revenus publics.*

Voyons quels peuvent être nos moyens
pour faire face à la somme de dépenses ordinaires que je viens d'établir.

Je m'occuperai d'abord des impôts indi-
rects, et je trouverai que les droits perçus
par l'administration de l'enregistrement don-
nent annuellement, d'après le compte de
Treilhard (1)............... 110,000,000[1]
Patentes (*a*)............. 15,000,000
Douanes (*b*)............. 6,600,000
Postes et messageries (*c*)... 12,000,000

                           143,600,000 }
Contribution mobiliaire (*d*).  60,000,000 }  203,600,000

Restera donc à imposer sur les propriétés,
pour acquitter les dépenses ordinaires...... 237,760,851[1]

L'impôt direct pour l'an 5 se porte, distraction faite des 60 millions ci-dessus énoncés,
à 297 millions : il y aura donc de moins à
imposer, en suivant mon opinion, une somme
de 59,239,149 liv.

Prouvons que cette somme de 237,760,851 liv. à imposer,
et celle de 60 millions ci-dessus énoncée pour ce qu'on
nomme impôt mobilier, ne sont pas exhorbitantes, d'après

_______

(1) *Vid.* les observations sur chaque article de recette à la fin
de mon opinion.

les

les ressources de la France, et prenons pour base les anciennes impositions directes.

D'après le travail du général Montesquiou, elles se por-
taient, y compris celles présumées des départemens réunis,
à 214,631,000 liv. A cette époque, le tiers des propriétés
foncières de la surface du sol français ne payait ni tailles,
ni vingtièmes, ou ce qu'elles en payaient par leurs fermiers était très-peu de chose ; les capitations abonnées
diminuaient beaucoup l'impôt que chaque tête aurait dû
supporter, et le clergé n'en payait pas, au moyen d'une
somme de 24 millions qu'il avait versée au trésor public
en 1710 (1). D'après cet exposé, on ne m'accusera pas
d'exagération, si j'ajoute un tiers à la somme désignée par
le général Montesquiou, pour les propriétés ou les têtes
exemptes d'impôts, et qui dans ce moment les supportent ; ce qui fera présumer que les anciennes impositions
directes pouvaient se porter à la somme de 286,201,333
liv. Or, je n'établis d'impôt direct que pour 292,760,853 liv. ;
il n'y aura donc de surcharge sur les anciennes impositions
directes que pour une somme de 6,559,520 liv.

Depuis la révolution, tout ce qui est sous la domination
française est exempt de dîmes et de droits seigneuriaux,
qu'on pouvait considérer comme impôt très-direct, et qu'on
pourrait porter à une somme très-considérable. Nous avions,
en outre, beaucoup d'impôts indirects et directs, tels que la
corvée ou la prestation en argent, etc., qui ne sont que
faiblement remplacés par ceux actuellement existants : d'où
je conclus qu'en imposant les propriétés foncières à la somme
que j'ai désignée, et en y ajoutant même celle pour les charges
locales et la construction des routes, il s'en faut d'une
somme énorme que les charges publiques se portent à
la même somme d'autrefois ; et je n'entrerai dans aucun
détail de la valeur du territoire, parce que les données
sur cet article sont toutes problématiques.

Si je suis assez heureux de prouver, que les finances de
la France sont dans une position bien différente de ce
que les croient une infinité de personnes qui, n'ont jamais employé une minute à les connaître, et qui hasar-
dent toujours une opinion prononcée sur cet objet important, j'aurai beaucoup de force pour dire qu'il faut faire
cesser de suite l'état de gêne et de malheur qui accablent

---

(1) L'intérêt de cette somme représentait pour chaque tête com-
posant l'ordre du clergé, une capitation de 5 liv. 10 sous.

un nombre infini de pères de famille, fonctionnaires publics, rentiers, et pensionnaires de l'état ; et que, pour ces derniers, nous devons rejetter loin de nous le rapport de Camus, qui fait opérer une retenue momentanée des $\frac{3}{4}$, et le travail de Mangin, qui réduit les rentes à 2 p. $\frac{0}{0}$ Nous n'aurons pas plus recours à l'opinion plus honnête de Montesquiou, qui desire diminuer ce chapitre de dépense par un appel aux créanciers de l'état.

Toutes ces réductions sont impraticables ; elles ne pourraient s'opérer que par un acte d'autorité, et, je ne saurais trop le répéter, outre qu'un tel acte déshonorerait et discréditerait à jamais la nation française, c'est qu'aucune puissance n'a le droit de le commettre. Eh ! quel sacrifice de plus à exiger des pensionnaires et des rentiers de l'état ? N'est-ce pas assez de les avoir fait mourir de faim pendant quatre années ; n'est-ce pas assez de les avoir forcés à vendre tout ce qu'ils possédaient en mobilier pour pourvoir à une trop chétive existence ? Ces retenues ne sont-elles donc pas assez considérables ? Soyons enfin justes envers eux, et tout, en France, par ce seul acte d'équité, reprendra une nouvelle vie. Si je reviens sur ce point, c'est que je suis intimément convaincu que c'est sur l'exactitude des engagemens du gouvernement que repose le crédit public et particulier, ainsi que le dit Montesquiou. Il assure que, l'inscription mise au pair, le crédit public sera rétabli ; l'intérêt de l'argent reviendra à 5 p. $\frac{0}{0}$, le prix des biens à 2 $\frac{1}{2}$ p. $\frac{0}{0}$ ; et puisque nous devons retirer de si grands avantages de l'inscription au pair, que ce soit donc le but auquel nous nous empressions d'aboutir ; et les moyens à adopter, d'après mon opinion, me paraissent extrêmement simples.

Loin de nous donc toute idée de réduction sur les rentes ; ne leur faisons supporter que leur part dans l'impôt : voilà la seule retenue à opérer, la seule opération qui convienne à la dignité d'une grande nation ; et si l'Angleterre, ainsi que le rappelle Montesquiou, a fait éprouver des réductions dans des tems de prospérité, dédaignons, malgré un état de gêne que la bonne administration des finances détruira, dédaignons, dis-je, un exemple que nous n'avons pas besoin d'imiter, puisque nos recettes ordinaires peuvent faire face à nos dépenses ordinaires (1). Mais il faut que

---

(1) L'abbé Terray fit aussi éprouver une retenue sur les rentes. Pourquoi ne pas citer cet exemple comme à suivre ?

( 19 )

la recette s'effectue de telle manière que cette partie du service ne soit jamais en souffrance ; et je vois la chose très-facile, avec de l'ordre dans les finances, en facilitant le paiement de l'impôt, et en ne confondant jamais les recettes et dépenses ordinaires, avec les recettes et dépenses extraordinaires. Acquittons nos dépenses ordinaires, et les moyens ne nous manqueront pas pour aviser aux dépenses extraordinaires, pour lesquelles la seule confiance suffirait, si la France n'avait pas d'autres moyens pour pourvoir à cette dépense de circonstance.

On se récrie sur l'énormité d'impôts, quoiqu'ils se portent à une somme infiniment au-dessous d'autrefois, ainsi qu'on le verra par le tableau ci-après, et de celles supportées par le peuple anglais (1). Peut-être, beaucoup de personnes sont-elles fondées, parce qu'il n'y a pas une juste et égale répartition : on croit même pouvoir ne l'obtenir que lorsque le cadastre général sera achevé, ce qui exige encore dix années. Pourquoi ne pas faire faire provisoirement des cadastres particuliers, qui nous donneraient des données pour faire une telle répartition d'impôts, qu'ils seront supportés et payés sans peine ? Et si, par l'effet des circonstances, nous sommes forcés à en créer ou à ajouter à ceux actuellement existans, payons-les avec exactitude, et que l'administration publique donne toutes sortes de facilités pour qu'ils ne surchargent pas trop à la fois les contribuables.

Le trésor public a des dépenses à faire tous les mois de l'année ; d'après cela, il est inutile que le contribuable paye à la fois sa contribution qui, se portant à une somme trop forte en raison de ses ressources du moment, le met dans la gêne, et fait souvent qu'il forme une demande en diminution, ou qu'il use de toutes sortes de moyens pour se soustraire au paiement de l'impôt. Que cette branche d'administration soit tellement paternelle que le citoyen ne voie dans la somme à laquelle il est imposé, que cette partie de

---

(1) Les charges publiques se portant, pour l'an 5, à 424,560,853 l., c'est à quelque chose près 14 liv. 4 sous d'impôt que supporte chaque habitant, y compris les départemens réunis, sans y comprendre les charges locales et la somme nécessaire pour la construction ou réparation des routes. En 1786 les charges publiques de l'Angleterre étant de 567 millions de notre monnaie, il en résultait que chaque habitant payait 10 liv. d'impôt, sans y comprendre la taxe pour les pauvres et celle imposée pour la construction ou réparation des routes ; et il est de notoriété publique que, depuis cette époque, l'impôt est considérablement augmenté en Angleterre.

B 2

son revenu dont on lui demande le sacrifice, est destinée à le maintenir dans la libre jouissance de l'autre, ou à lui procurer des avantages. Et, en effet, à quoi sont employés les revenus de l'état ? à l'éducation publique, à l'administration de la justice, à la construction des routes, aux frais d'administration qu'on améliorera ; à la guerre, trop onéreuse dans ce moment, mais dont une grande partie de la dépense diminuera à la paix ; à la marine, qui doit ajouter à nos jouissances, en facilitant l'étendue de notre commerce : et quoique toutes ces dépenses soient pour l'avantage des contribuables, cherchons à les diminuer autant qu'il sera possible ; mais lorsqu'elles seront indispensables, faisons-les supporter sans trop gêner nos concitoyens, et nous parviendrons à ce but, en facilitant les moyens de se libérer de l'impôt à quatre époques différentes dans le courant de l'année.

En tems de guerre, il est indispensable d'augmenter l'impôt. C'est ce que nous avons vu pratiquer de tous les tems et chez tous les peuples ; ne pas adopter ce parti, c'est vouloir trop flatter les citoyens et se mettre dans un arriéré dont il sera impossible de sortir. Si on se décide à une augmentation d'impôts, qu'elle soit faite avec une juste mesure ; elle est d'autant plus praticable en France, que l'impôt sera réparti également, et que nous avons allégé les propriétés de la dîme et des droits seigneuriaux. Je ne dis pas que ce soit un motif pour rétablir cette surcharge ; je suis, de ce côté, de l'opinion du général Montesquiou. Mais lorsque ces avantages ont occasionné en partie la guerre, il est juste que ceux qui s'en sont ressenti, supportent une partie de son fardeau, qui sera porté à une somme infiniment au-dessous de la moitié de ce qui leur en coûtait autrefois pour une seule année du paiement de la dîme et des droits seigneuriaux.

Rendons donc l'impôt le plus supportable possible, payons-le avec exactitude, montrons le plus grand devouement à la chose publique, et qu'on ne nous dise plus, « qu'autant notre nation est estimable à beaucoup d'égards, » autant elle mérite de reproches sur l'intérêt que chacun » de nous doit prendre à la gloire et au maintien de la » société ».

Le Corps législatif va s'occuper de l'impôt ; une grande lutte va s'établir entre les partisans de l'impôt direct et de l'impôt indirect ; les uns voudront que la plus grande partie des charges publiques soient directes ; les autres, indirectes ; dans chaque système il y a beaucoup de choses à dire pour et contre : mais lorsque celui des deux aura prévalu, que l'esprit de parti cède , et marchant tous vers le bonheur public, contribuons de toutes nos forces et de tous nos moyens à l'organisation de l'impôt , base fondamentale du crédit et de la prospérité publique.

Passons aux dépenses extraordinaires.

Puisque par l'effet de la guerre et des circonstances nous sommes dans la nécessité de faire des dépenses extraordinaires, il faut y pourvoir par des recettes extraordinaires. Je n'aurai pas de contradicteurs sur le principe que je pose ; essayons d'en trouver les moyens sans trop fouler les contribuables.

Camus, dans son rapport, porte les dépenses extraordinaires pour l'an 5 , y compris les dépenses imprévues, à 565 millions, ci...... 565,000,000[1]

Voyons quels sont les moyens qu'il nous présente pour acquitter cette dépense.

Les fermages des biens nationaux portés par Treilhard à 50 millions ; par Mangin, y compris ceux de la Belgique, à 63 millions ; et par Camus à 30 millions,

| | | |
|---|---|---|
| terme moyen............. | 44,000,000[1] | |
| Arriéré des contributions.. | 20,000,000 | |
| *Nota.* En donnant des facilités , cet objet pourra rentrer. | | |
| Salines................ | 3,000,000 | |
| Rentes foncières rétablies.. | 20,000,000 | |
| Rentrées sur l'emprunt forcé | 2,000,000 | |
| Ce qui reste sur les domaines aliénés.................... | 100,000,000 | |
| Mobilier............... | 1,000,000 | 235,024,402 |
| Cet objet se porte à une somme bien modique ; le seul département de la guerre devrait avoir plus que cette somme. | | |
| Rescriptions bataves disponibles................... | 2,024,402 | |
| Contributions à lever en pays ennemi, portées par Camus à 40 millions, ci........ | 40,000,000 | |
| Dû par la compagnie Dijon. | 3,000,000 | |

Restera donc à se procurer pour fournir aux dépenses extraordinaires.................. 330,975,598[1]

*De l'autre part*............... 330,975,598<sup>l</sup>

Pour faire face à cette partie de dépense, Camus propose l'aliénation des biens nationaux; puisque nous sommes en tems de guerre, pourquoi ne pas aviser à une partie de cette dépense par une augmentation d'impôt, pour l'année seulement ? Chez tous les peuples et de tous les tems, ainsi que je l'ai déjà dit, c'est ce moyen que l'on a mis en usage dans des momens difficiles.

Il était autrefois des branches de revenus que nous ne voyons pas figurer dans les derniers comptes, et je ne sais pourquoi. Persuadé qu'on peut les rétablir, je les porterai ici en ligne de compte.

Ces objets consistent dans le bénéfice des monnaies et la ferme des affinages, portés sur les anciens comptes à............... 620,000<sup>l</sup>

Régie des poudres et salpêtres................... 500,000

Forges de la Chaussade.... 80,000

Dû par la Nouvelle-Angleterre....................., 2,900,000

4,100,000

Restera donc la somme de............... 326,875,598<sup>l</sup> à se procurer pour compléter la somme nécessaire pour acquitter les dépenses extraordinaires; et pour cela, **voyons** quels peuvent être nos moyens avant de passer à l'aliénation des domaines, qu'il conviendrait peut-être mieux de conserver pour se libérer de la dette publique, à laquelle je suis étonné qu'on pense si peu.

Il est un genre d'emprunt que je desirerais voir opérer, et qui serait d'un très-grand secours, mais à condition que le trésor public ne pût, en aucune manière, retarder ses engagemens envers ces sortes de prêteurs. Je veux parler des sommes provenant des consignations, des saisies réelles, du résidu des comptes des tuteurs de chaque année, et des sommes provenant des faillites. Toutes ces sommes versées au trésor public, devraient rapporter intérêt à raison de 3 p. % au profit des propriétaires, jusqu'à ce qu'ils soient en droit de les retirer. Une pareille institution existe en Angleterre; le gouvernement n'a jamais manqué à ce genre d'engagement. J'avais amplement traité cette question en

1788 , mais on ne daigna pas s'en occuper ; il faut espérer qu'elle n'éprouvera pas le même sort à cette législature.

Il est un second genre d'emprunt proposé par le citoyen Mangin , qui serait encore d'un grand secours ; c'est un cautionnement en espèces des receveurs de la République. Cette somme serait très-considérable ; il faudrait leur faci- liter ce versement , qui leur rapporterait intérêt à raison de 4 p. $\frac{o}{o}$. Si on se décide à mettre l'impôt indirect en ferme ou en régie intéressée , comme le moyen le plus sûr d'en tirer parti , et se procurer des sommes à point nommé , on pourra exiger des fermiers un cautionnement en espèces, rapportant aussi intérêt à raison de 4 p. $\frac{o}{o}$.

Dans le cas où ces diverses sommes ne seraient pas suffisantes pour aviser aux momens pressans , ayons alors recours aux ventes de domaines nationaux , autres que les forêts. Je suis , pour cette partie de libération , contre l'opinion du général Montesquiou. Il est aisé d'établir une meilleure administration des forêts que celle qui existe ; il est même très-urgent de s'occuper de cet objet , qui est sous la surveillance immédiate du ministre des finances, et outre que cette partie de revenu public augmentera considérablement , c'est qu'elle sera pour nous une source féconde dans laquelle , en tems de paix , le trésor public pourra puiser , pour faire une caisse d'amortissement , ou payer les pensions aux militaires qui reviendront des armées , ou diminuer la masse de l'impôt.

Quelle nation qui aurait des revenus fixes, aussi consi- dérables que ceux que peuvent nous procurer nos forêts nationales , ne les respecterait pas comme un dépôt sacré , puisqu'ils peuvent servir à des moins imposés ? Jusqu'à présent nos meilleurs publicistes ont reconnu que « le » domaine public est le plus honnête et le plus sûr de » tous les moyens pour pourvoir aux besoins de l'état; » et le premier soin de Romulus, dans la division des » terres, fut d'en destiner le tiers à cet usage (Rousseau )». Pourquoi, d'après cet exemple, aliénerions-nous les forêts nationales ? et n'avons-nous pas à craindre que les ac- quéreurs ne fassent comme ceux qui ont acheté les bou- quets de bois éloignés des grandes forêts, dont on avait autorisé la vente, et qu'ils se sont empressés de défricher ? ce qui a fait disparaître plus de 350 mille arpens de bois de la superficie du territoire. Craignons que , si nous avions l'imprévoyance de vendre les forêts nationales, pareille chose ne nous arrive. Considérons que nous avons une

quantité très-considérable de forges et autres établissemens
pour lesquels nous devons conserver les forêts, puisque ces
utiles atteliers entretiennent dans une activité continuelle,
une population immense qui nous libère envers l'étranger;
établissemens que le manque de bois détruirait.

Les partisans de l'aliénation des forêts me répondront
qu'il est aisé de prescrire aux acquéreurs de ne pas défricher, et de laisser ou mettre tout en coupe réglée.
Dans ce cas, on retirerait peu de chose de cette superbe
propriété; ainsi il est préférable de la faire mieux ad-
ministrer, d'en prévenir le dépérissement, et lui faire
rapporter une somme beaucoup plus considérable; et la
chose est très-facile.

Mais pour le surplus des propriétés, elles sont, par un
vice d'administration étonnant, plus à charge que lucra-
tives; d'après cela, empressons-nous de les vendre, et
pour en tirer un grand avantage, il faut établir une
grande concurrence; et, à cet effet, je croirais qu'il faudrait admettre indistinctement et volontairement tout créancier de l'état à l'acquisition des biens nationaux, et
prendre en paiement sa créance, sans même en exiger
du numéraire, parce que pour l'état une créance est du
numéraire. Il conviendrait aussi prendre des créances en
réachat des rentes dont une loi vient de faire rentrer en
jouissance le trésor public.

Je sais que j'aurai beaucoup de contradicteurs sur ces
deux points, mais je regarde si avantageux pour l'état
de se libérer, ce qui ferait qu'à la paix nous serions la
nation la moins imposée, que je crois que toutes sortes
de moyens pour parvenir à ce but sont préférables, que
de retarder le paiement des créances.

Toute la dette est une, elle est toute sacrée, puisqu'elle
repose sur la loyauté française; les biens nationaux sont
le gage de cette dette: d'après cela, je ne saurais faire
aucune distinction, ni d'arriéré, ni de courant, ni de
continuité de service, ni de rentes perpetuelle ou viagères,
pas même de pensionnaires (1); et, suivant moi, quelque
libération que l'on obtienne sur ces objets, nous nous enri-

---

(1) On trouvera peut-être étonnant que je veuille donner la
même faculté au pensionnaire qu'à celui qui a versé des fonds au
trésor public. Le membre perdu au service de l'état, et le fils qui
faisait l'espoir d'une mère infortunée, et qui est mort, ne valent-ils
pas donc des écus ?

chissons, et au lieu de payer des intérêts, ou des sommes exigibles, nous convertirons celles destinées pour ces sortes de dépenses, dans les dépenses extraordinaires.

N'est-il pas préférable d'opérer la libération de l'état, que de voir l'agiotage effréné qui se fait sur les effets publics, et dont le bas prix nuit à la confiance publique et particulière? Ici ce sont des $\frac{3}{4}$ et des rentes qu'on vend au-dessous du quart du capital; là c'est un fournisseur qui est obligé de perdre les $\frac{3}{4}$ sur son décompte, pour se procurer du numéraire afin de s'acquitter envers ses créanciers, ou, s'il n'en a pas, pour faire valoir cet argent sur la place, et se dédommager par le gros intérêt qu'il sait en retirer, de la perte qu'il a essuyée; ailleurs, ce sont des bons sur les receveurs des départemens ou sur l'acquit des domaines aliénés, que le même fournisseur donne à une perte énorme. Si le trésor retirait quelqu'avantage de ces pertes, il y aurait peut-être moins d'immoralité dans ce commerce, puisque la chose publique s'en ressentirait; mais le grand mal est qu'en définitif, le trésor supporte le paiement de ces capitaux vendus et revendus mille fois à bas prix, et que tant que ce commerce scandaleux a duré, le crédit public et particulier a reçu des atteintes irréparables.

Le parti de la libération n'est-il pas préférable à celui de voir mille argus épier l'occasion de profiter du moment de détresse, pour faire des opérations toujours nuisibles à la chose publique, par les immenses et trop prompts avantages qu'ils en retirent, et ils sont peu avares des moyens à employer pour parvenir à leurs fins. Et le commerce, cette superbe profession, si honorable pour l'homme qui l'exerce avec délicatesse, puisque, concurremment avec l'agriculture et l'industrie, elle fait prospérer les nations; le commerce, entraîné par un sordide intérêt, tombe dans le plus avilissant mépris, parce que, il faut le dire à sa honte, il se mêle beaucoup trop de ce tripotage infâme.

J'ai porté comme revenu ordinaire et pouvant servir aux dépenses extraordinaires, une somme de 1,120,000 liv. pour les bénéfices des monnaies, affinage, et des poudres et salpêtres. Dans un tems où l'on croit que le manque de numéraire nuit aux relations commerciales, il serait peut-être d'une bonne administration de rétablir une grande partie des hôtels des monnaies; ce qui augmenterait le signe monétaire, et ce que ne nous procurera jamais le seul hôtel des monnaies de Paris. On dira peut-être que la somme dont je parle, dans ce moment est peu de chose : elle forme le quart des contributions d'un département ; et fût-elle moindre, dès qu'elle peut éviter une surcharge d'impôt et procurer des avantages, il faut se hâter d'en faire un objet de ressource.

Passons à la dépense nécessaire pour la construction et réparation des routes, et aux moyens à opérer pour y parvenir.

Cette partie de dépense n'a presque pas eu lieu depuis la révolution, et si on ne se hâte de reprendre ces travaux d'une utilité toute publique, la difficulté des communications rendra les subsistances, dans les grandes communes, à des prix que le pauvre ne pourra atteindre ; ce qui nécessitera l'augmentation du salaire des ouvriers, et renchérira les objets manufacturés en France.

J'avais traité cette question avant la révolution, et j'avais établi que les impôts prélevés jusqu'à présent pour la construction ou réparation des routes, étaient contraires au droit naturel, et on doit regarder comme un de ses principes, l'obligation imposée à tout homme de réparer ce qu'il dégrade. C'est d'après ces motifs que je donnai l'apperçu d'une loi, dont l'effet paraissant insensible, procurerait plus d'avantages que ceux résultans, dans ce moment, des sommes exigées pour la construction ou réparation des routes.

Vingt-un mille chevaux de poste sont employés à ce service ; chaque cheval fait au moins sa course par jour. Il conviendrait, actuellement que les fourrages sont à très-bon compte, de remettre les chevaux à 1 livre 5 sous, et d'ajouter 5 sous par poste pour la construction et réparation des routes. Ce seul objet donnerait par an.................................................... 1,916,250$^l$

Chaque place dans les voitures publiques devrait être imposée 1 sou pour #, ainsi que le port du surplus du chargement. La seule diligence de Lyon à Paris, en la supposant toujours complette, donnerait par an 29,296 l. sans les droits sur le surplus du chargement. D'après cet exemple, à quelle somme ne se porterait pas cet objet pour toutes les voitures publiques ! Les seuls environs de Paris donneraient une somme énorme.

1,918,250$^l$.

*Ci-contre*.................. 1,916,250<sup>l</sup>

On ne peut pas connaître la quantité de voitures continuellement en circulation ; ainsi on
ne peut que donner l'apperçu de la somme qui
résulterait d'une telle perception : d'après cela,
en supposant cent mille voitures traînées, l'une
dans l'autre , par trois chevaux , et parcourant
par jour un espace de quatre lieues, en imposant
1 sou par lieue pour chaque cheval, on aura
par jour une somme de 60 mille livres , qui
présente , à la fin de l'année, un capital de... 21,900,000
_________________

23,816,250

Par l'augmentation du territoire , et le droit sur les
voitures publiques, cette somme sera bien plus considérable,
et on peut présumer qu'elle se portera à celle de 27 millions
demandée pour la construction ou réparation des routes.
Peut-être encore pourra-t-elle se porter à une somme au-
dessus , et que l'on pourrait employer dans chaque département au paiement de la partie de gendarmerie at-
tachée à la sûreté des routes ; ce qui serait une économie
pour le trésor public.

Démontrons que le droit pour la construction des routes,
ainsi que je l'établis, ne serait pas excessif. Supposons une
voiture venant de Lyon à Paris , distance de cent lieues ;
sa charge, si cette voiture est attelée de quatre chevaux,
sera de cinq mille pesant : en imposant 1 sou par lieue pour
chaque cheval, nous aurons pour la totalité du chargement,
une somme de 20 liv. dans la division de laquelle nous
trouverons 4,800 deniers : la livre pesant de marchandise ne
paiera donc pas tout-à-fait un denier pour la réparation du
chemin qu'elle aura dégradé dans une distance de cent lieues,
impôt trop modique et trop juste sans doute, pour qu'il
ne puisse être établi.

Méfions-nous de tous les sophismes que les trop forts
partisans de l'impôt direct pourront élever contre cette
perception. Ils ne manqueront pas de dire que cet impôt
sera arbitraire , et que pour l'éviter il faut établir des
romaines qui coûteront beaucoup plus que le droit ne
rapportera dans deux et trois années. Cette mesure est
aussi injuste , repliquerons-nous à notre tour ; car cent
livres de soie servant à l'habillement du riche, ne paieront
pas plus de droits que cent livres de grosse toile servant
à l'habillement du pauvre. Mais quel est l'impôt à établir,

où la balance soit telle que l'un ne paye pas plus que l'autre? croit-on l'avoir trouvé par l'impôt direct, contre lequel il y a une telle quantité de réclamations fondées, qu'il faut quatre ans d'un travail assidu pour plusieurs personnes dans chaque département, avant d'avoir rendu la justice qui est due à la majeure partie des réclamans.

Ainsi, élaguons toutes sortes de difficultés, puisqu'il n'y a presque pas de dépenses à faire pour établir un impôt d'une utilité aussi publique que celui que nous traitons ici. Marchons vîte au but ; considérons que cette dépense à faire est urgente, et que tous les retards qu'on apporte à cet établissement, sont autant de coups mortels portés au commerce, à l'agriculture et à la subsistance des pauvres. Si, par l'effet de l'expérience, on juge qu'il est préférable d'adopter le parti des romaines, on fera cette dépense insensiblement et sans qu'on s'en apperçoive. Ainsi, ne délibérons pas long-tems sur cet objet, et que les vrais amis de la chose publique obtiennent une loi qui établisse un droit sur les voitures qui dégradent les routes ; ce qui facilitera les moyens de rétablir dans toute l'étendue de la France, des travaux publics qui ne contribueront pas peu à la répression du vagabondage, auquel on ne se livre peut-être que par misère et faute de travail dans des mortes saisons. Ce droit nous facilitera encore le moyen de rétablir les cantonniers de distance en distance, qui augmenteront la surveillance nécessaire pour la sûreté des routes.

L'impôt pour la construction des routes est établi chez une grande partie des nations policées. Lorsque nous voyageons sur leur territoire, ou que nous en retirons des produits de leur industrie, nous contribuons à la réparation de leurs routes. Pourquoi n'userions-nous pas de réprésailles envers elles ?

En établissant cet impôt, la France se donne les facilités de faire percer des routes dans des pays fertiles par eux-mêmes, mais que le défaut de communications met dans la plus affreuse misère. Je citerai par exemple ce qu'on appellait le Haut-Dauphiné : l'ancien gouvernement l'a mis à contribution pour ouvrir et entretenir des routes dans ce qu'on appellait le Bas-Dauphiné ; le tour du Haut-Dauphiné devrait venir, et si on y ouvre des routes, les habitans de ces contrées, dont la majeure partie est dans la plus affreuse misère, deviendront dans une honnête aisance, parce qu'ils pourront tirer parti des divers genres de culture et d'industrie qu'il sera facile au gouvernement d'introduire dans ces trop malheureuses contrées, tels que la culture du mûrier, les paturages, etc. Combien d'autres contrées n'aurai-je pas à citer, qui ont le besoin le plus urgent des routes, que le trésor public ne sera jamais dans le cas de pouvoir supporter ! L'isle de Corse, par exemple, serait pour nous une source abondante de richesses dans tous les genres, et dont nous ressentirions de suite les avantages, si nous y ouvrions des routes, et donnions de l'écoulement aux eaux. Que de forêts encore en France, dont l'exploitation est impossible, et qui donneraient de grands produits, si on y établissait des communications !

Ce que je dis pour la construction des routes, peut s'appliquer à la réparation des rivières, pour lesquelles l'ancien gouvernement dépensait 710,000 liv. par année, somme qui, étant insuffisante, ne procurait presque aucun avantage. Il serait essentiel de ne pas perdre de vue cet objet, et il serait facile de suppléer à cette dépense par un droit à établir sur la navigation des rivières.

Mais, viendra-t-on m'opposer, pourquoi mettre un impôt sur un objet que nous a donné la nature ? Et, repliquerai-je avec avantage, dès que la nature dégrade son ouvrage, et que la société doit le réparer, pourquoi les propriétés seraient-elles plutôt imposées que le commerce, qui retirerait le plus grand avantage de ces réparations, parce que, la navigation étant plus facile, les marchandises resteront moins de tems en route, courront moins de risques d'être avariées, et le port en sera à meilleur compte.

Nous avons en France une quantité très-considérable de rivières, qu'il est de la nécessité la plus urgente de réparer, récurer ou aligner; leurs inondations dévastent les pays les plus fertiles. Je citerai l'Isère, la Save, la Nièvre, l'Hérault; et de combien d'autres n'aurais-je pas à faire la nomenclature ?

En établissant un impôt pour la construction ou réparation des routes, le trésor public se trouvera soulagé d'une dépense à laquelle il ne peut suffire, et la somme fixée dans ce moment, est le plus souvent détournée de son emploi pour le service d'autres parties peut-être plus urgentes, au lieu que l'impôt que nous proposons, ne pouvant servir qu'à l'objet pour lequel il est destiné, il est impossible que les routes ne soient bien entretenues, qu'on ne se livre pas encore à la construction de beaucoup

d'autres, et que lorsqu'il arrive un événement extraor-
dinaire, à un pont par exemple, par l'effet de la débacle,
la réparation qu'elle nécessite ne se fasse tout de suite;
et s'il y a des fonds de reste, les départemens les con-
vertiront à des objets d'utilité. Mais, en donnant ces
moyens de prospérité aux administrations de département,
exigeons d'elles des comptes annuels qui nous donnent les
détails satisfaisans, sur des dépenses d'une utilité toute
publique.

Chez une grande nation tout doit annoncer sa puissance, et, à cet effet, les routes doivent être bien entretenues; les rivières et les canaux d'une navigation facile;
les ponts multipliés sur les rivières pour faciliter les communications; les places et les édifices publics de la plus
grande magnificence. La somme dépensée pour ces objets
est très-bien placée, puisque les arts gagnent beaucoup à
ces établissemens, que nous y occupons une quantité considérable de citoyens, et que l'étranger voulant partager
nos jouissances, s'empresse de venir voyager chez nous et
devient, par ce moyen, notre tributaire. Nous pourrons
nous procurer tous ces avantages, lorsque la paix nous
permettra de nous livrer à ces utiles dépenses, et pour une
partie, lorsque nous percevrons des droits pour la construction ou réparation des routes. Il convient, de plus,
à cette nation que l'agriculture obtienne des améliorations
et des accroissemens remarquables; que les arts y soient
portés au plus haut degré de splendeur; que le commerce,
les manufactures et le commerce maritime soient dans
la plus grande activité; et nous sommes dans la position de devenir et puissance continentale, et puissance
maritime : c'est du moins l'idée que j'ai de mon pays. Voilà
les bases fondamentales de prospérité publique à laquelle
nous parviendrons, par la confiance dans le gouvernement,
et par son exactitude à remplir ses engagemens.

Mais le gouvernement français, dans sa position actuelle,
peut-il remplir ses engagemens? Pour y avoir trop peu réflé-
chi, des personnes mal instruites sur les forces et les ressources
de la nation, ne croient pas que la chose soit possible,
et conseillent d'y manquer. J'établis que nous avons des
moyens plus que suffisans; et, sans les employer tous, il
sera facile de subvenir aux besoins de l'état, et de lui
rendre un crédit qu'il n'a perdu que par la mauvaise administration des finances.

La somme de l'impôt ou des charges de plusieurs natures

que supportaient les propriétés, ainsi que les rentes supportées par le trésor public, se portent à une somme infiniment au-dessous de 1789 ; et, de l'aveu des membres du Corps législatif, il y aura encore des bonifications à opérer sur les frais d'administration.

Par l'effet de la révolution française, l'impôt se trouve accru en Angleterre du tiers ou du double qu'en 1789, et la dette publique a considérablement augmenté. Chez nous, au contraire, par l'effet de cette même révolution, les charges publiques, ainsi qu'on le verra par le tableau, se portent à 79 millions de moins, sans y comprendre les autres objets qui grevaient les terres, tels que la dîme, les droits féodaux, etc. etc. ce qui établit, au profit des contribuables, une différence énorme ; et la totalité de l'impôt, quoique les portant à une somme au-dessous d'autrefois, se trouve supportée par environ 30 millions d'habitans et par une superficie de territoire bien plus étendue qu'en 1789. En faisant donc supporter l'intérêt de la dette publique à ce territoire, intérêt dont, par une infinité de lois, on a assuré la loyauté, on ne grève pas les citoyens d'une masse d'impôts qu'ils ne puissent supporter.

C'est dans cette situation *heureuse*, qu'on propose de faire renoncer le peuple français au sentiment qui le caractérise, en lui faisant faire une banqueroute partielle aux créanciers de l'état. Si mes calculs et mes réflexions n'étaient pas assez tranchants pour renverser un sistême aussi odieux pour *l'honneur de la nation française*, j'ajouterai qu'*indépendamment* de la somme de l'impôt, nous avons des ressources extraordinaires qu'aucune nation ne possède, et que je considère pour zero dans les revenus ordinaires : ces ressources sont nos salines, nos forêts, nos biens nationaux, nos rentes foncières, et une infinité d'objets dont au besoin on pourrait faire ressource.

Eh ! de quelles calamités désastreuses ne serait pas suivie la résolution proposée ! le crédit public et particulier serait à jamais anéanti ; le gouvernement serait dans l'impossibilité, dans des momens difficiles, d'user de ressources honnêtes pour y aviser, les seules qui lui conviennent, les seules qu'il veuille employer : le haut prix de l'intérêt de l'argent se maintiendrait à un tel point, que le commerce, les manufactures tomberont ; et c'est remplir le vœu le plus ardent de l'étranger que la stagnation de nos ateliers enrichit, tandis qu'au contraire il conviendrait de donner des moyens au gouvernement pour lui livrer un genre de guerre utile en activant les manufactures. Le rentier de l'état, que le bon administrateur ne doit pas considérer dans l'ensemble de la dette publique, mais dans son particulier, serait totalement ruiné, *oui ruiné*, parce que les rentes étant divisées en plus grande partie en très-petites sommes, il leur serait impossible de rien acquérir avec les bons au porteur qu'on donnerait à ces créanciers pour le mince capital qui leur est dû ; ce qui les mettrait sous la cruelle dépendance de l'homme riche. Tels seront nos malheurs si la résolution est adoptée ; et le gouvernement, plus à portée que nous tous d'en prévoir les évènemens funestes, sera le premier à faire des observations pour en arrêter les effets.

Eh ! pourquoi adopterait-on une mesure aussi désastreuse, lorsque, ainsi qu'on le verra par le tableau ci-après, sans y comprendre des charges réelles qui grevaient les propriétés, telles que la dîme, les droits féodaux, les corvées ou la prestation en argent pour la construction ou réparation des routes, des impôts prélevés dans les pays d'états et dans certaines villes, les charges publiques supportées autrefois par 24 millions d'hommes, et dans ce moment par 3o millions ou environ, et par une bien plus grande superficie de territoire, se portent à la somme de 79 millions de moins qu'en 1789, distraction faite du 10e. d'impôt sur les créances de l'état ; l'intérêt de la dette publique se trouve aussi réduit de 65 millions ; enfin, la totalité des dépenses publiques, y compris les 65 millions de moins sur la dette, se porte à 115,587,356 liv.

Pour fournir à une grande partie des dépenses extraordinaires, nous avons les revenus fixes des forêts, des rentes et des autres biens nationaux, et les sommes provenant de ces objets, réunies au produit des domaines à vendre, et des autres ressources qu'il sera facile de se procurer, donneront infiniment au-dessus de 201 millions, qui est la somme nécessaire pour compléter celle de 616 millions demandée par le gouvernement pour les dépenses ordinaires et extraordinaires de l'an 6. Et pourquoi n'aurions-nous pas les mêmes facilités qu'autrefois, et qu'était-ce pour le gouvernement qu'une somme de 200 millions à se procurer ?

D'après ces réflexions auxquelles, si on veut être impartial, je ne vois pas ce qu'on pourrait me répondre, car en finance tout doit être soumis à des opérations de calculs ; d'après ces réflexions, dis-je, par quelle fatalité
inconcevable

inconcevable le résultat de la révolution française serait-il le même que celui qu'on a voulu éviter en la faisant, *la banqueroute* ? Et réduirions-nous à la plus affreuse indigence, une quantité inconcevable de petits rentiers, dont une majeure partie, accablés par les infirmités de l'âge, ne peuvent se livrer à aucun genre de travail, et dont la rente sur l'état fait l'unique ressource : créance bien plus respectable que ne le croient une infinité de personnes, puisqu'elles sont les fruits des privations et d'un travail assidu pendant 30 et 40 années ; rentes dont partie ne sont jamais sorties des mains des propriétaires, et qui n'ont pas concouru à l'agiotage, parce que le porteur a eu de la confiance dans le gouvernement. Eh quoi ! on le punira de cette confiance ! Et c'est à de pareils engagemens auxquels on voudrait faire manquer l'état ! Non, je ne saurais le croire. Loin de nous donc de pareilles craintes, cette mesure *inutile* est trop opposée à la constitution, à la foi promise, à la loyauté française, à tous les principes ; et, cette loi fût-elle rendue, le Corps législatif pourrait la rapporter, quand il en connaîtrait les funestes effets ; et tout me porte à penser qu'éclairés par les différens écrits qui paraissent, et qu'en vrai ami de la chose publique je les invite à lire, les membres du Conseil des cinq-cents, même ceux de la commission des finances, exciteront le Conseil des Anciens à rejetter la loi proposée. C'est donc sur vous, législateurs, que réside dans ce moment le crédit public et particulier ; la baisse subite du prix de l'argent ; la foi que l'on devra avoir dans les engagemens contractés par l'état ; la confiance, qui en est toujours la conséquence, que vous allez établir de particulier à particulier, ce qui va donner une grande activité à toutes les branches de l'industrie française ; enfin, la prospérité publique dépend de la sagesse de votre décision, et si, pour la libération de la dette publique, la préférence est donnée au plan que le plus pur patriotisme m'a inspiré, on verra reprendre à toutes les affaires publiques et particulières une nouvelle vie, ainsi que je l'ai établi d'après l'opinion du général Montesquiou.

Nous ne sommes divisés avec la commission des finances que sur le mode de libération : la commission la veut forcée ; moi, je la désire volontaire, et le résultat sera le même ; car, si on laisse la faculté d'acquérir des propriétés nationales, que l'on mette de la sagesse à opérer ces rentes, et qu'on prenne des créances en paiement, à coup sûr la majeure partie de la liquidation s'opérera, et tel est le but de la commission. Le mode proposé sera extrêmement dispendieux ; car il faudra donner à chaque créancier deux nouveaux titres qui exigeront des frais considérables, et encore c'est émettre un nouveau genre de papier. Quelles expériences désastreuses faut-il donc, pour qu'en France on renonce à de pareilles émissions ? N'est-ce pas assez de celles sous lesquelles gémiront encore trop de tems les honnêtes citoyens, victimes des dernières émissions ? En adoptant mon sistême, l'opération est simple : la liquidation peut s'opérer par la remise du titre actuel ; il n'y a aucun frais à faire, la libération forcée doit donc être rejettée par tous les bons esprits, qui donneront la préférence à la libération volontaire, comme la seule qui convienne à la dignité d'un grand peuple.

Tout ce que je viens de hasarder est le résultat de ma pensée ; et si je suis tombé dans quelques erreurs, qu'on n'accuse point la pureté de mes intentions, et qu'on ne voye, dans la publicité que je donne à cet écrit, que l'intérêt que je porte à mes concitoyens.

# *N O T E S.*

( *a* ) Cet impôt a été porté à une somme trop forte dans l'apperçu des comités ; sa vraie valeur pour l'année est de 70 millions. Je crois que cet article donnerait une somme plus considérable, s'il était mis en régie intéressée ou en ferme, ainsi que les patentes.

( *b* ) En adoptant le même moyen, cet impôt pourra donner une somme plus considérable. J'ajouterai qu'il est une infinité d'objets sur lesquels les droits pourraient être augmentés, ce qui favoriserait parmi nous beaucoup de genres d'industrie, qui travaillent les mêmes objets que l'Angleterre et l'Allemagne nous transportent avec de si grands avantages. Le Corps législatif s'occupera essentiellement des manufactures auxquelles, depuis la révolution, on a songé à peine. En tems de paix le produit du droit des douanes pourrait être employé à l'encouragement ou à des secours à donner aux manufactures, aux arts et à l'agriculture, dans les pays où cette dernière branche est trop négligée.

Tout ce que nous vend l'étranger, nous pouvons nous le procurer chez nous, en donnant une grande extension à notre industrie naturelle. La chose dépend du gouvernement ; et la somme à employer est si peu considérable, que la France, quelle que soit sa position, peut trouver les moyens de faire cette utile dépense.

( *c* ) Dans les anciens comptes rendus, les postes et messageries étaient portés à 13 millions. Cet objet de revenu public, qu'on ne peut pas considérer comme un impôt, donnera une somme plus considérable si on rétablit le départ des couriers, et si les ports des lettres, par autres voitures que par la poste, étaient prohibés. L'abus qui résulte de ces départs est tel, qu'on assure qu'il part beaucoup plus de lettres les jours pairs pour le nord, et les jours impairs pour le midi, que par la poste aux lettres. De l'aveu des employés à la poste, l'abus du contre-seing prive le trésor public d'une somme énorme ; il faut y remédier, et pour cela il convient de passer en dépense, aux autorités qui ont le contre-seing, une somme : autrefois on allouait 1,200,000 liv. pour cet objet.

Le port de l'argent donnerait encore une somme beaucoup plus considérable, si au lieu de 5 p. $\frac{0}{0}$ on le réduisait à 2 $\frac{1}{2}$.

Cette branche de revenu public, mise en ferme ou en régie intéressée, donnerait une somme beaucoup plus considérable ; mais pour cela il conviendrait de lui joindre la poste aux chevaux et les messageries.

(*d*) Je desirerais que cette contribution fût plutôt somptuaire que mobiliaire, je veux dire qu'il faudrait imposer seulement les objets qui ne sont pas d'une absolue nécessité, tels que les domestiques mâles, les chevaux, les voitures, autres que ceux nécessaires aux travaux de la terre, aux manufactures et au commerce : le célibat devrait encore être imposé. En Angleterre, celui qui a un domestique mâle, par cela seul paie une guinée : en France, ces sortes d'impositions donneraient au moins une somme égale à celle ci-dessus énoncée. Ce parti est préférable à celui de l'imposition mobiliaire, qu'il est facile d'éluder, et qui nuit à toutes les professions mécaniques. D'ailleurs, il est affreux de prélever une imposition mobiliaire sur une infinité de personnes qui ont à peine ce qui leur est nécessaire ; au lieu que de la manière dont je le propose, l'homme qui veut jouir ne se fera pas des privations, parce qu'il lui en coûtera quelques écus dans le courant de l'année.

De l'imprimerie de J. GRATIOT et Compagnie, cul-de-sac Pecquay, rue des Blancs-Manteaux.

# TABLEAU.

### *Anciennes Rentes.*

| | |
|---|---:|
| Rentes perpétuelles et viagères. | 161,466,000 l. |
| Intérêt d'effets publics et diverses créances. | 44,856,000 |
| Intérêt de finance d'office. | 14,729,000 |
| Intérêt d'anticipation. | 15,800,000 |
| Pensions. | 29,954,000 |
| | 266,805,000 |

Ancienne dépense publique ordinaire supportée par 24 millions d'habitans, sans y comprendre la corvée ou la prestation en argent pour les routes........ 531,533,000

### *Contributions en 1789.*

| | |
|---|---:|
| Ferme générale. | 155,026,875 |
| Régie générale. | 52,600,000 |
| Administration des domaines, distraction faite du domaine corporel. | 39,740,000 |
| Fermes de Sceaux et de Poissy. | 630,000 |
| Abonnement des droits de la Flandre maritime. | 800,000 |
| Vingtièmes abonnés. | 574,000 |
| 10°. 3 s. p. ₶ et capitation prélevée par les trésoriers. | 966,751 |
| Marc d'or. | 5,665,000 |
| Postes et messageries. | 13,100,000 |
| Loterie. | 9,860,000 |
| Recette générale des finances. | 154,725,280 |
| Impositions des pays d'état. | 25,260,439 |
| Impositions particulières aux fortifications des villes. | 575,000 |
| | 459,523,345 |

Sommes que pouvaient payer à leurs souverains les départemens réunis, environ........ 36,000,000

Total, sans les objets énoncés page 32........ 495,523,345

Dépenses publiques pour l'an 6 se portant, en déduisant les bonifications, à la somme de........ 234,436,774

| | |
|---|---:|
| Rentes perpétuelles. | 101,773,890 |
| Rentes viagères. | 42,039,256 |
| Pensions. | 57,863,376 |
| | 201,676,522 |
| Dixième à retenir. | 20,167,652 |
| Restera. | 181,508,870    181,508,870 |

### *Rentes actuelles.*

| | |
|---|---:|
| Rentes perpétuelles. | 101,773,890 l. |
| Rentes viagères. | 42,039,256 |
| Pensions. | 57,863,376 |
| | 201,676,522 |
| Différence pour balance. | 65,128,478 |
| | 266,805,000 |

Dépense publique ordinaire pour l'an 6 supportée par 30 millions d'habitans ou environ, y compris 27 millions d'impôt pour les routes, distraction faite de la retenue d'un 10° aux rentiers ou pensionnaires de l'état........ 415,945,644

Différence pour balance........ 115,587,356

       531,533,000

### *Contributions de l'an 6.*

| | |
|---|---:|
| Droits perçus par l'administration de l'enregistrement. | 70,000,000 |
| Patentes. | 18,000,000 |
| Postes et messageries, que je porterai comme ci-contre, pouvant donner cette somme. | 13,100,000 |
| Douanes. | 10,000,000 |
| Loterie nouvellement décrétée, que je porterai aussi à la même somme que ci-contre. | 9,860,000 |
| Impôt mobilier. | 50,000,000 |
| Impôt direct. | 201,985,644 |
| Contributions locales pour les hospices et prisons. | 16,000,000 |
| Droit de passe sur les routes. | 27,000,000 |
| | 415,945,644 |

Pour balance du tableau ci-contre........ 79,577,701

       495,523,345

Recettes ordinaires pour l'an 6, montant à........ 415,945,644

Somme égale à la recette........ 415,945,644